Collection ANIMAUX NATURE

LES ET LES PHOQUES OTARIES

Collection
ANIMAUX NATURE

LES PHOQUES ET LES OTARIES

Les phoques et les otaries sont des *pinnipèdes*, mot qui signifie «aux pattes en forme de nageoires». Ces animaux fascinants vivent dans l'océan et se retrouvent le long des côtes où ils se rassemblent en colonies importantes. Ils jouent un grand rôle dans l'écosystème marin; malheureusement, ils sont menacés par les déversements de pétrole et les autres formes de pollution.

À quoi ressemblaient les ancêtres de l'otarie? Combien peut peser un éléphant de mer mâle? Les naturalistes de tous les âges trouveront dans cet ouvrage les réponses à ces questions et prendront plaisir à se renseigner sur les caractéristiques, l'habitat et le comportement des pinnipèdes du monde entier, depuis l'énorme éléphant de mer de l'Antarctique jusqu'au petit phoque annelé de l'Arctique.

Des textes encadrés mettent en relief de nombreuses informations sur ces merveilleux mammifères. Une carte en couleurs indiquant l'aire de distribution des diverses espèces, des illustrations claires, ainsi que de magnifiques photos de Fred Bruemmer viennent compléter le texte. *Les phoques et les otaries* est le troisième volume de la collection ANIMAUX NATURE.

Eric S. Grace est diplômé en zoologie de l'Université Aberdeen, en Écosse. Il a rédigé de nombreux textes scientifiques pour des magazines, des livres et des émissions télévisées. Il vit en Colombie Britannique.

Fred Bruemmer, auteur et photographe de renommée internationale, a écrit une douzaine d'ouvrages dont plusieurs sur la vie dans l'Arctique. Il vit au Québec.

Le directeur de la collection, **R.D. Lawrence** est l'une des autorités les plus respectées en matière de conservation de la faune au Canada. Il est l'auteur de plus d'une vingtaine d'ouvrages qui tous témoignent de son profond amour pour la nature.

Collection
ANIMAUX
NATURE

LES ET LES PHOQUES OTARIES

Texte de Eric S. Grace

Photographie de Fred Bruemmer

Traduit de l'anglais par Marie-Claude Favreau
et révisé par Angèle Delaunois

Héritage jeunesse

Dépôts légaux : 3e trimestre 1991
Bibliothèque nationale du Québec
Bibliothèque nationale du Canada

ISBN : 2-7625-6877-3   Imprimé à Singapour

Photocomposition : Deval-Studiolitho Inc.

LES ÉDITIONS HÉRITAGE INC.
300, avenue Arran, Saint-Lambert, Québec J4R 1K5
(514) 875-0327

Toutes les photographies sont de © Fred Bruemmer, excepté les
suivantes : © Donald Denton / First Associated Photographers, 34 ;
© International Fund for Animal Welfare, 51 ; © Wayne Lynch, 35,
37, 39 ; © Carleton Ray / The National Audubon Society Collection,
13 ; © Tom Ritchie, 14, 17.

Données de catalogage avant publication (Canada)

Grace, Eric, 1948-

Les phoques et les otaries

(Collection Animaux nature)
Traduction de : Seals.

ISBN 2-7625-6877-3

1. Phoques - Ouvrages pour la jeunesse.   2. Otaries
Ouvrages pour la jeunesse.   3. Morses - Ouvrages pour la jeunesse.
I. Titre   II. Collection

QL737.P6G7314 1991   j599.74'5   C91-096698-2

Table des matières

Entre terre et mer

Vous est-il jamais arrivé de vous sentir épié ? Tandis que je marchais sur le bord de la mer, un après-midi d'été, j'eus soudain l'impression qu'une paire de gros yeux me surveillaient, dissimulés quelque part. Il y avait un grand rocher tout près et j'y grimpai pour observer les alentours. La plage était étroite, couverte de rochers éboulés et de bouts de bois rejetés par les marées. D'un côté il y avait la mer, de l'autre, une falaise abrupte. À mi-hauteur de la falaise, un tronc d'arbre tordu s'accrochait au roc. Sur l'une de ses branches mortes un goéland assoupi était perché. On n'entendait que le bruit des vagues venant s'échouer doucement sur les rochers.

Dans un bruissement de plumes, le goéland s'éveilla. En m'apercevant, il poussa un cri rauque, sauta de son perchoir et se mit à raser la surface de l'eau. Je le suivis des yeux et remarquai alors, entre les petites vagues, la créature qui m'observait.

La tête foncée qui émergeait à la surface de l'eau grise était celle d'un *loup-marin* (appelé aussi *phoque commun* ou *veau marin*). J'avais d'abord cru qu'il s'agissait d'un morceau de bois flottant ou d'un rocher immergé. Mais en regardant plus attentivement, je vis le contour de ses formes changer tandis qu'il se retournait dans l'eau. La silhouette disparut rapidement et reparut un peu plus loin.

Avec des jumelles, j'observai de plus près la tête du phoque, semblable à celle d'un chien, ses longues moustaches et ses doux yeux noirs. Il m'observait lui aussi, intrigué. Sa ressemblance avec un chien n'avait rien de surprenant puisque les phoques sont des cousins éloignés des chiens, des chats et autres mangeurs de viande appelés *carnivores*.

Les loups-marins (ou phoques communs) vivent près du rivage et s'éloignent rarement à plus de quinze kilomètres de leur lieu de naissance.

Tout comme leurs proches parents, les phoques et les otaries sont des chasseurs, ou *prédateurs*. À part quelques espèces qui habitent les eaux douces, ils chassent tous dans la mer.

À la surface de l'eau, le loup-marin se retourna, dévoilant un peu plus son corps lisse. Sa forme fuselée, comme celle des poissons et des baleines, l'aide à nager avec aisance. Je ne pouvais pas suivre le phoque sous l'eau, mais je savais que c'était un plongeur rapide et agile, qualité indispensable pour saisir les poissons et les calmars dont il se nourrit.

Le phoque ne vit que des ressources de la mer et passe beaucoup de temps sous l'eau. Cependant, contrairement aux poissons et aux baleines, il peut quitter la mer. Deux environnements composent son habitat : l'eau et la terre ferme.

J'ai vu des loups-marins se reposer sur cette plage. Ils sont parfois aussi difficiles à distinguer sur la terre que dans l'eau. Leur pelage gris ou brun et leurs taches irrégulières, pâles ou foncées, leur donnent l'allure de gros galets polis par la mer.

Lorsque le phoque est hors de l'eau, on peut observer ses membres semblables à des nageoires. C'est à cause de la forme de leurs pattes que les

En Amérique du Nord, plus de 300 000 phoques communs vivent le long de la côte du Pacifique, de l'Alaska jusqu'en Basse-Californie. Ces loups-marins habitent aussi la côte est de l'Amérique du Nord, depuis le nord du Canada jusqu'au cap Cod, ainsi que les côtes d'Europe et d'Asie du Nord-Est.

scientifiques appellent les phoques, les otaries et les morses des *pinnipèdes*, mot qui signifie « pattes en forme de nageoires ». Les phoques se servent de leurs membres comme de rames ou de gouvernail sous l'eau, et comme de pattes sur la terre ferme. Les pinnipèdes sortent de l'eau pour se reposer, mais aussi pour muer (changer de poil), s'accoupler, donner naissance à leurs petits et les nourrir.

Le loup-marin que j'observais prit bientôt le large. Mon univers et celui du phoque s'étaient brièvement croisés, là où la terre et la mer se rejoignent. Tout en marchant, je songeai à notre rencontre. D'où venait ce phoque et où allait-il ? Que faisait-il sous l'eau, quand je ne pouvais plus le voir ? Était-il seul, ou bien y avait-il d'autres phoques tout près, m'épiant eux aussi ? Que pourrais-je apprendre des phoques en les regardant vivre ? Par certains côtés, nous sommes semblables, mais nous nous sommes développés différemment pour survivre, chacun à notre façon, sur cette planète Terre que nous partageons.

Les phoques ont fait de la mer et de la terre leur habitat.

9

Les pinnipèdes du monde

Tout comme les êtres humains, les pinnipèdes sont des mammifères – des animaux à sang chaud, qui respirent de l'air et allaitent leurs petits. Il y a plus de trente espèces de pinnipèdes dans les océans, dans les eaux douces de certains lacs et le long de toutes les côtes du monde. Tous ont un corps fusiforme et plusieurs caractéristiques qui leur permettent de vivre à la fois dans l'eau et sur la terre. Cependant, chaque espèce diffère des autres par son aspect ou son mode de vie. Certains pinnipèdes sont sociables et se réunissent en grandes colonies, d'autres préfèrent vivre en solitaires la majeure partie de l'année. Certains passent la plupart du temps dans la mer, tandis que d'autres viennent souvent sur la terre ferme. Certains sont très bruyants, grognent, aboient ou rugissent, d'autres émettent rarement quelques sons. Certains migrent régulièrement et parcourent de grandes distances, d'autres ne quittent jamais la région où ils sont nés. Chez de nombreuses espèces, les mâles sont beaucoup plus gros que les femelles, mais chez certaines, mâles et femelles ont à peu près la même taille.

Les biologistes ont divisé les pinnipèdes en trois groupes, ou *familles*, en se basant sur leurs différences et leurs similitudes. La famille qui comprend le plus d'espèces est celle des *phoques* dont le loup-marin fait partie. La famille des *otaries* comprend les otaries à fourrure et les lions de mer. La troisième famille, la plus petite, n'est formée que d'une seule espèce : le *morse*.

LES ANCÊTRES DES PINNIPÈDES

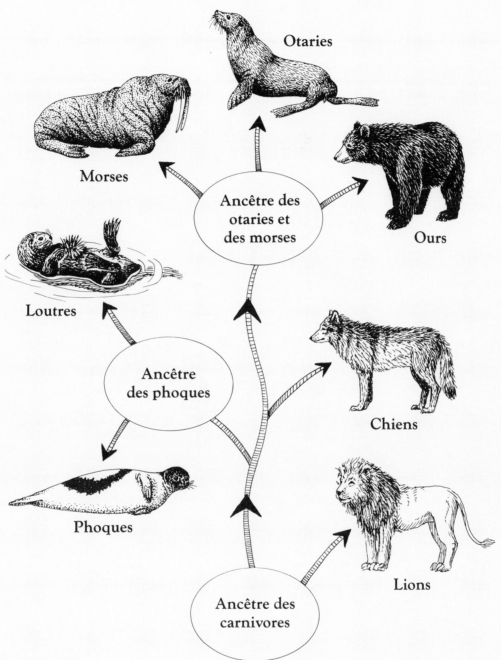

Otaries

Morses

Ours

Ancêtre des
otaries et
des morses

Loutres

Ancêtre
des phoques

Chiens

Phoques

Lions

Ancêtre des
carnivores

Il y a des millions d'années, les ancêtres de tous les pinnipèdes vivaient sur la terre ferme. C'était des mammifères de la taille de chiens, chassant dans les forêts et les marais. Au fil de centaines de milliers de générations, ces carnivores se transformèrent lentement pour s'adapter à des environnements différents. Les restes fossilisés des pinnipèdes primitifs ont appris aux biologistes que les phoques ont des ancêtres distincts de ceux des otaries et des morses. Les ancêtres des phoques étaient, semble-t-il, semblables à des loutres. Les ancêtres des otaries et des morses, eux, ressemblaient davantage à des ours.

Le phoque n'a pas d'oreilles externes.

LES PHOQUES

Il y a environ quatre fois plus de phoques que d'otaries dans le monde. La plupart habitent les eaux froides des régions polaires. Leur épaisse couche de graisse et leur forme compacte les aident à maintenir leur température interne. Deux espèces rares de *phoques-moines* font exception. L'une d'elles vit dans les eaux tièdes de la Méditerranée et l'autre dans le Pacifique près des îles Hawaii. Une troisième espèce, le *phoque-moine des Caraïbes*, a été vue pour la dernière fois en 1949 et on pense qu'elle s'est éteinte (c'est-à-dire qu'on ne la trouve plus nulle part). Le phoque-moine tire son nom du repli de peau sur sa nuque qui ressemble au capuchon d'un habit de moine.

Le plus petit et le plus gros des pinnipèdes appartiennent tous deux à la famille des phoques. Le plus petit est le *phoque annelé* (ou *marbré*), qui habite les mers arctiques près du Pôle Nord. Ce sont les taches foncées entourées d'anneaux plus pâles qui ornent sa peau qui lui ont valu son nom. Le mâle mesure entre un mètre vingt et un mètre quatre-vingt de long et pèse rarement plus de cent vingt-cinq kilos. La femelle fait environ le tiers de la taille du mâle. Les

Le phoque annelé est le plus petit des phoques.

phoques annelés restent généralement près du rivage ou de la banquise.

L'*éléphant de mer* porte bien son nom car c'est le plus gros des pinnipèdes. Il y a deux espèces d'éléphants de mer. L'éléphant de mer septentrional vit le long de la côte ouest de l'Amérique du Nord, de la Basse-Californie jusqu'en Alaska. L'éléphant de mer austral, plus gros, habite les eaux glacées de l'Antarctique. Un mâle mesure six mètres du museau au bout de la queue et pèse quatre tonnes. Ce gros animal peut avaler un petit requin en une seule bouchée. Sa taille énorme l'empêche de se mouvoir facilement sur le sol. Chronométré un jour par un biologiste, un éléphant de mer arrivant sur le rivage prit une heure et demie à sortir complètement de l'eau. Il avait passé la plus grande partie de ce temps à se reposer de ses efforts !

L'éléphant de mer austral est le plus gros des pinnipèdes.

LES OTARIES

Les lions de mer et les autres otaries ont des oreilles caractéristiques.

Les otaries peuplent les côtes de l'Alaska et de la Sibérie au nord, et, dans l'Hémisphère Sud, les mers bordant l'Amérique du Sud, l'Australie et la Nouvelle-Zélande. Certaines préfèrent les eaux chaudes près de l'équateur. Les otaries passent plus de temps sur la terre ferme que les phoques, surtout au cours de la période de reproduction durant laquelle elles élèvent leur petit. Neuf des quatorze espèces d'otaries ont un sous-poil fourni fait de poils doux et riches : ce sont les *otaries à fourrure*. Les autres, au sous-poil plus clairsemé et au museau plus carré sont appelées *lions de mer*.

15

Chez les otaries de Steller, le mâle semble massif à côté de sa compagne.

Le *lion de mer de Californie*, élancé et enjoué, file entre les vagues, bondissant parfois hors de l'eau comme un dauphin On a vu des lions de mer atteindre par moments trente-sept kilomètres à l'heure. Durant l'été et l'automne, les mâles adultes s'éloignent du site de reproduction et peuvent gagner le Canada ou le Mexique pour se nourrir. Les femelles et les jeunes restent toute l'année près du site de reproduction. Les lions de mer de Californie apprennent vite et sont souvent entraînés à exécuter des tours d'adresse dans les cirques ou les aquariums.

Chez les otaries, les mâles sont beaucoup plus gros que les femelles. La différence est encore plus marquée chez le *lion de mer de Steller*, la plus commune parmi les otaries. Cette espèce vit dans le Pacifique le long des côtes d'Amérique du Nord, depuis l'Alaska jusqu'à la Californie du Sud, et doit son nom au scientifique Georg Wilhelm Steller qui fut le premier à la décrire en 1742. Les lions de mer de Steller mâles pèsent une tonne et mesurent quatre mètres de long. Les femelles ne font que le quart de cette taille. Les mâles adultes, âgés de cinq ans ou plus, ont autour de leur cou épais et musclé une crinière semblable à celle du lion terrestre. Les lions de mer de Steller s'installent souvent dans des sites encombrés de rochers abruptes, le long du rivage. Ils entrent et sortent de l'eau en faisant des bonds spectaculaires entre les vagues et les rochers.

Une seule espèce d'otaries à fourrure vit au nord de l'équateur : l'*otarie à fourrure septentrionale*. Elle passe l'hiver dans le Pacifique Nord et migre l'été pour rejoindre les grandes colonies au large des côtes de l'Alaska. Au dix-neuvième siècle, des millions de ces otaries ont été tuées pour leur fourrure et en 1911, il n'en restait plus que 150 000. Depuis quelques années, les colonies sont protégées et on trouve maintenant plus d'un million et demi d'otaries à fourrure septentrionales.

Paradoxalement, on connaît peu de choses sur les otaries à fourrure qui habitent au sud de l'équateur. Elles aussi ont été, par le passé, victimes de chasses intensives et certaines espèces sont devenues très rares. Au cours des années 20, on a cru que l'*otarie de Townsend* était éteinte, mais en 1954, on a découvert une petite colonie près de l'île de Guadalupe, au large de la Basse-Californie. Aujourd'hui, il ne reste sans doute pas plus d'un millier d'otaries de Townsend, mais les mécanismes de protection mis en place pourraient faire grossir la colonie.

Une petite colonie d'otaries de Townsend vit le long de la côte du Pacifique en Amérique centrale.

COMMENT DISTINGUER
UN PHOQUE D'UNE OTARIE ?

Le phoque a une tête ronde et un cou réduit, parfois inexistant. Il n'a pas d'oreilles externes, seulement de petits orifices qu'il peut fermer à l'aide des muscles de ses oreilles.

   L'otarie a la face pointue et le cou bien détaché. Ses petites oreilles externes qui ressemblent à des tubes couverts de fourrure sont collées contre sa tête et pointent vers l'arrière, et l'aident à conserver sa forme hydrodynamique.

Phoque

Otarie

Phoque

Otarie

Phoque

Otarie

Sur terre, le phoque rampe plus qu'il ne marche. Il se déplace en arquant le corps et en se propulsant vers l'avant à l'aide de ses nageoires antérieures. Ses nageoires postérieures pointent vers l'arrière et ne sont guère utiles pour marcher. Sur le sol, ses mouvements semblent gauches, mais un phoque très rapide peut tout de même se déplacer sur la glace à plus de quinze kilomètres à l'heure.

L'otarie peut marcher en s'aidant de ses quatre nageoires. Elle est capable de tourner ses longues nageoires postérieures pour les faire pointer vers l'avant. Elle se dandine lorsqu'elle va lentement, mais peut se mettre à galoper pour aller plus vite.

Sous l'eau, le phoque utilise ses nageoires postérieures pour se propulser. Lorsqu'il nage vite, il serre ses deux nageoires l'une contre l'autre comme un humain chaussé de palmes, et balaie l'eau de gauche à droite ou de haut en bas. Il ne se sert de ses nageoires avant que pour se diriger.

Les otaries, et en particulier les lions de mer, sont les plus rapides des pinnipèdes. Avec leurs nageoires antérieures plus massives et plus puissantes que celles des phoques, ils se propulsent sous l'eau comme s'ils volaient. Ils utilisent leurs nageoires arrière comme gouvernail pour se diriger et garder leur équilibre.

LES MORSES

Les défenses du morse sont en fait ses canines.

Tout comme l'otarie, cet animal moustachu, à la bouche garnie de défenses, peut tourner ses nageoires postérieures vers l'avant pour se déplacer sur le sol. Cependant, comme le phoque, il n'a pas d'oreilles externes. Les morses forment une famille distincte, impossible à confondre avec les autres pinnipèdes et sont classés dans un groupe à part.

Les morses vivent au nord, le long des côtes de l'Atlantique et du Pacifique. Leur caractéristique la plus impressionnante est leur paire de longues défenses, qui sont en fait leurs canines supérieures. Mâles et femelles portent des défenses. Chez les gros mâles, les défenses peuvent atteindre soixante centimètres de long et vingt-cinq centimètres de diamètre. Les petits morses naissent sans ces défenses et doivent être protégés par leur mère pendant deux ans, jusqu'à ce que leurs canines soient assez longues pour qu'ils puissent se défendre eux-mêmes.

Le nom scientifique du morse, *Odobenus*, signifie « qui marche sur les dents » et décrit l'une des nombreuses utilités des défenses. S'en servant comme d'un pic à glace, le morse peut les ancrer dans la banquise pour se hisser hors de l'eau. Il les utilise aussi pour traîner son corps lourd au fond de l'eau où il se nourrit de coquillages enfoncés dans la boue. Ces défenses sont aussi des armes redoutables. Pendant la saison des amours, le mâle les utilise pour menacer ses rivaux et les individus des deux sexes s'en servent pour se protéger contre leurs prédateurs : les ours polaires et les orques.

On voit rarement des morses solitaires. Ils passent la plus grande partie de la journée à dormir sur les plages rocheuses ou sur la banquise, entassés les uns sur les autres. Ce sont des nomades, sans habitat fixe. Tout au long de l'année, ils se déplacent en troupeaux composés d'une centaine d'individus se bousculant, mugissant, grognant, nageant lentement entre les glaces des mers polaires.

LES ESPÈCES DE PINNIPÈDES

ESPÈCE	HABITAT
PHOQUES	
Loup-marin (ou phoque commun)	Côtes d'Amérique du Nord, Europe du Nord, Asie du Nord-Est
Phoque annelé (ou phoque marbré)	Arctique, Atlantique Nord, mer Baltique
Phoque du Baïkal	Lac Baïkal
Phoque de la Caspienne	Mer Caspienne
Phoque à rubans	Mer de Béring
Phoque du Grœnland	Arctique et Atlantique Nord
Phoque gris	Nord-est de l'Amérique du Nord, Europe du Nord
Phoque barbu	Arctique
Phoque crabier	Antarctique
Phoque de Ross	Antarctique
Léopard de mer	Îles antarctiques et subantarctiques
Phoque de Weddell	Antarctique
Phoque-moine de la Méditerranée	Mers Méditerranée et Égée
Phoque-moine des îles Hawaii	Nord-ouest des îles Hawaii
Phoque-moine des Caraïbes	Floride, Bahamas, Antilles (probablement éteint)
Phoque à capuchon	Arctique, nord-est de l'Amérique du Nord
Éléphant de mer austral	Îles subantarctiques, sud de l'Amérique du Sud
Éléphant de mer septentrional	Ouest de l'Amérique du Nord
Veau marin tacheté	Mer de Béring, Asie, Japon
OTARIES	
Otarie à fourrure d'Afrique du Sud	Afrique du Sud-Ouest
Otarie des Falkland	Amérique du Sud
Otarie d'Australie	Sud de l'Australie et Nouvelle-Zélande
Otarie des îles Kerguelen	Antarctique
Otarie de Townsend	Île de Guadalupe (au large de la Basse-Californie)
Otarie à crinière	Amérique australe
Otarie à fourrure septentrionale	Pacifique Nord
Otarie de l'antarctique	Îles au nord du cercle polaire antarctique
Otarie des îles Juan Fernandez	Archipel Juan Fernandez (Chili)
Lion de mer de Californie	Côte ouest de l'Amérique du Nord
Lion de mer de Steller	Pacifique Nord
Otarie des Galapagos	Amérique du Sud, Galapagos
Lion de mer d'Australie	Îles au large de l'ouest de l'Australie
Lion de mer de Nouvelle-Zélande	Nouvelle-Zélande
MORSES	
Morse	Arctique

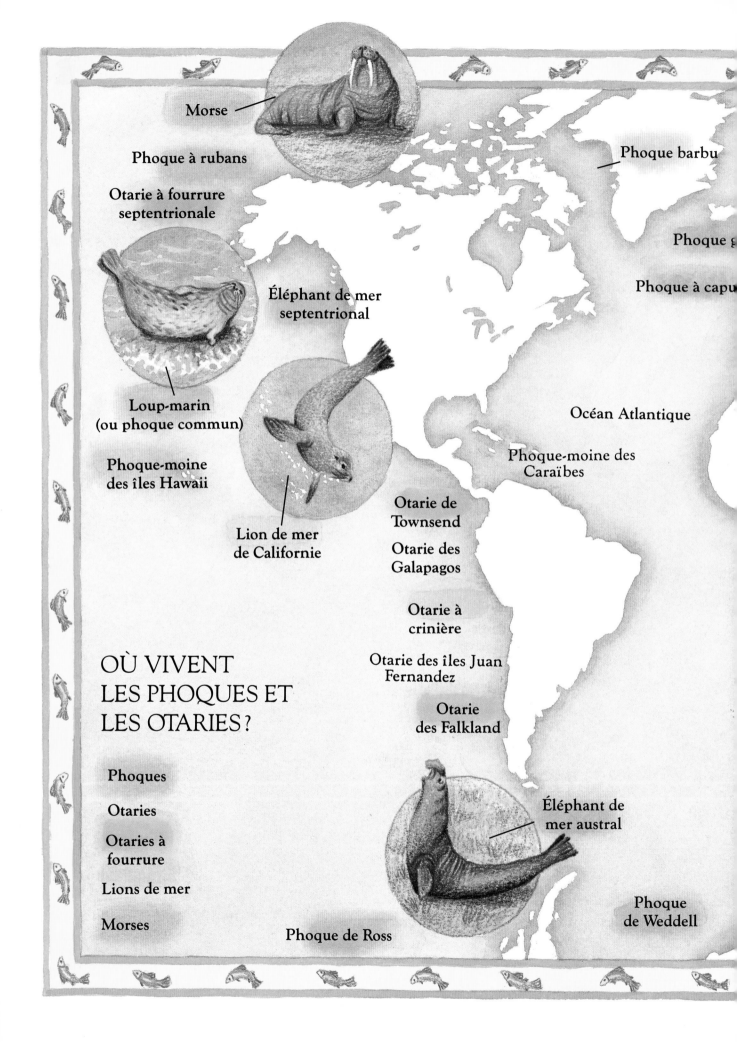

Morse

Phoque à rubans

Otarie à fourrure
septentrionale

Phoque barbu

Phoque g

Phoque à capu

Éléphant de mer
septentrional

Loup-marin
(ou phoque commun)

Océan Atlantique

Phoque-moine
des îles Hawaii

Phoque-moine des
Caraïbes

Lion de mer
de Californie

Otarie de
Townsend

Otarie des
Galapagos

Otarie à
crinière

Otarie des îles Juan
Fernandez

Otarie
des Falkland

OÙ VIVENT
LES PHOQUES ET
LES OTARIES ?

Éléphant de
mer austral

Phoques

Otaries

Otaries à
fourrure

Lions de mer

Morses

Phoque
de Weddell

Phoque de Ross

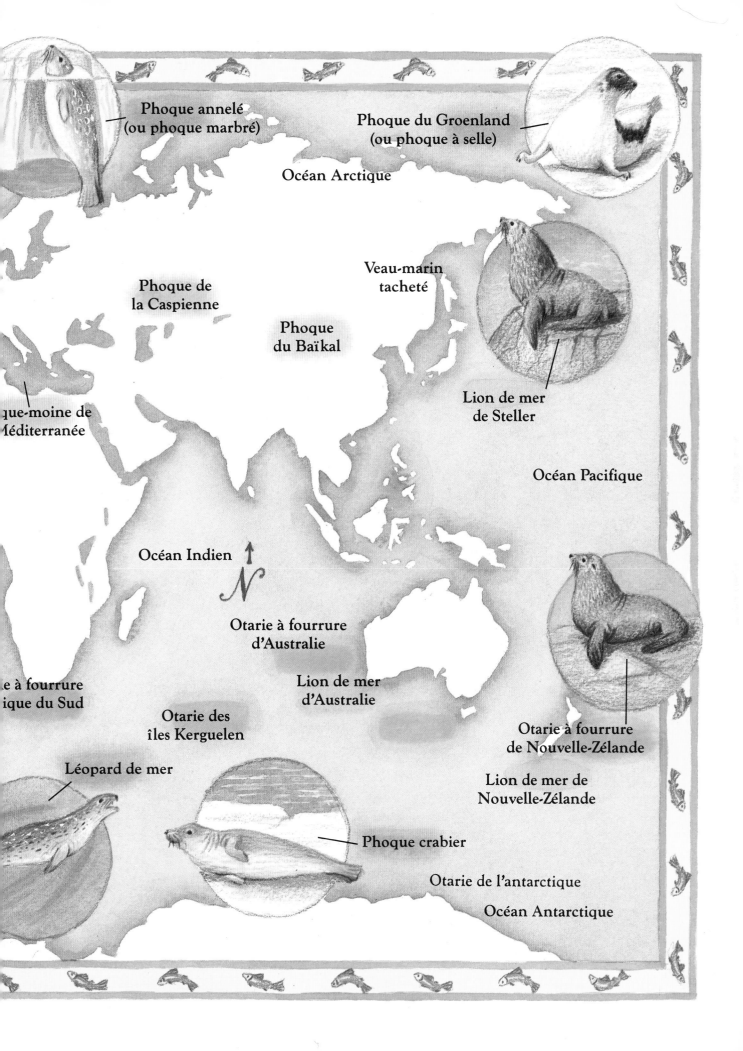

Phoque annelé
(ou phoque marbré)

Phoque du Groenland
(ou phoque à selle)

Océan Arctique

Veau-marin
tacheté

Phoque de
la Caspienne

Phoque
du Baïkal

Lion de mer
de Steller

que-moine de
Méditerranée

Océan Pacifique

Océan Indien

N

Otarie à fourrure
d'Australie

e à fourrure
ique du Sud

Lion de mer
d'Australie

Otarie des
îles Kerguelen

Otarie à fourrure
de Nouvelle-Zélande

Léopard de mer

Lion de mer de
Nouvelle-Zélande

Phoque crabier

Otarie de l'antarctique

Océan Antarctique

Au fil de saisons

L'existence de toutes les otaries et de plusieurs phoques gravite autour de la période de reproduction, lorsqu'ils se rassemblent sur la terre ferme. D'une année à l'autre, ils se réunissent au même endroit appelé *roquerie*. Certaines de ces colonies, formées de milliers d'individus, sont spectaculaires.

Au cours de la période de reproduction, chaque femelle donne naissance à un seul petit, puis le mâle et la femelle s'accouplent pour concevoir ensuite le petit qui naîtra l'année suivante. La longueur de la saison des amours et le moment de la mise bas dépendent beaucoup du climat. La plupart des phoques et des otaries mettent bas à la fin de l'hiver ou au début du printemps.

La saison de reproduction est généralement courte, surtout chez les espèces habitant les régions très froides. Leurs petits grossissent vite et certains sont sevrés (c'est-à-dire qu'ils ne dépendent plus du lait de leur mère et sont prêts à se nourrir seuls) dès l'âge de trois semaines! Les parents et leur petit ne restent pas en famille. Chez certaines espèces, les femelles se rassemblent en groupes séparés des mâles pour élever leurs petits. Chez d'autres, les mâles adultes et les femelles forment de petits groupes épars. Peu de temps après le sevrage des petits, adultes et jeunes se dispersent dans l'océan.

Les otaries et certaines espèces de grands phoques ont une période de reproduction plus longue. À l'intérieur même des roqueries, ils forment des groupes, chacun de ces groupes étant constitué d'un seul mâle entouré de sept à dix-sept femelles. Chaque mâle rivalise avec les autres mâles et défend le petit territoire où ses femelles sont réunies. Les femelles peuvent allaiter et élever leur petit pendant cinq mois avant que la colonie se disperse. Certains passent le reste de l'année dans l'océan, s'éloignant même parfois à des centaines ou des milliers de kilomètres du site de reproduction. Le rassemblement annuel au site de reproduction leur permet de se retrouver pour s'accoupler de nouveau.

Les jeunes otaries de l'Australie peuvent subvenir à leurs besoins vers l'âge de cinq mois.

La plupart de nos connaissances sur les pinnipèdes proviennent d'études faites sur leurs comportements sur la terre ferme. On sait peu de choses sur leur vie en mer parce qu'il est beaucoup plus difficile de les y observer. Des années de patiente observation, de mesures et de notes seraient nécessaires pour éclaircir certains mystères de la vie des phoques et des otaries. Où vont-ils en hiver? Que mangent-ils? Quelle quantité de nourriture leur faut-il? À quel rythme grossissent-ils? Combien d'années vivent-ils? Pour beaucoup d'espèces, les réponses à ces questions simples restent encore inconnues. Par contre, on connaît bien le mode de vie de l'otarie à fourrure septentrionale. Voici son histoire.

Une otarie à fourrure mâle septentrionale surveille son territoire sur les îles Pribilof.

LES PLAGES DE REPRODUCTION

Au milieu d'avril, la glace épaisse de l'Arctique commence à se disloquer. Les otaries à fourrure mâles se fraient un chemin entre les glaces qui dérivent dans le Pacifique Nord. Ils nagent vers deux îlots rocheux à l'ouest de l'Alaska : les îles Pribilof, baptisées du nom du capitaine russe qui les découvrit en 1786. Bientôt, les plages froides et désertes de ces îles accueilleront le plus gros rassemblement d'animaux au monde.

Les mâles les plus vieux, âgés de sept ans et plus, arrivent les premiers. Ils se hissent avec précaution sur les rives rocheuses et établissent leur territoire. À partir de ce moment, chaque mâle essaie de défendre sa parcelle de terrain contre tous les autres mâles. Seuls les plus forts auront encore une place quand les femelles arriveront quelques semaines plus tard. Et seuls les plus résistants deviendront les pères des jeunes qui naîtront l'année suivante. Les mâles trop jeunes, trop vieux ou trop faibles pour garder leur territoire, sont repoussés de plus en plus loin à l'intérieur des terres ou vers d'autres parties de l'île. Les autres mâles ne leur permettront pas de se reproduire cette année-là.

Les otaries à fourrure septentrionales sont de magnifiques animaux. Les mâles font plus d'un mètre quatre-vingt de long et pèsent entre deux cents et trois cents kilos. Leur fourrure épaisse et la courte crinière qui couvre leurs épaules massives leur donnent une allure majestueuse. Ils passent l'hiver dans la mer, dans des baies protégées du sud, se gavant des poissons et des calmars qui y abondent. Ils sont alors en pleine forme pour affronter les trois mois qu'ils devront passer sur la terre ferme sans nourriture ni repos. Ils n'auront pas le temps d'aller pêcher dans l'océan ou de dormir sous le soleil du printemps. Du début de la saison de reproduction jusqu'à la fin de l'été, les mâles

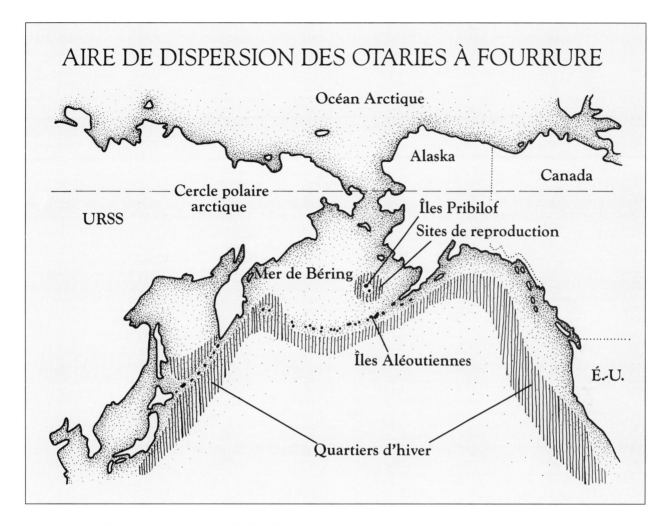

AIRE DE DISPERSION DES OTARIES À FOURRURE

Océan Arctique

Alaska

Canada

Cercle polaire arctique

URSS

Îles Pribilof

Sites de reproduction

Mer de Béring

Îles Aléoutiennes

É.-U.

Quartiers d'hiver

consacrent leur énergie à se défendre contre leurs rivaux.

Chaque jour, d'autres mâles arrivent sur les îles et bientôt ils sont des centaines entassés sur les plages de sable et de gravier. Chaque mâle défend un petit espace. Certains sont seulement deux ou trois fois plus grands que l'espace occupé par l'animal lui-même tandis que les plus vastes n'ont pas plus de neuf mètres de diamètre. Depuis ces petits royaumes, les mâles s'observent les uns les autres avec prudence et grognent pour menacer leurs voisins. Les mâles les plus forts et ceux qui sont arrivés les premiers occupent les meilleures places – celles qui bordent la mer. Ils seront les premiers à accueillir les femelles. Mais pour l'instant, ils sont tournés vers l'intérieur de l'île, surveillant les mâles ambitieux moins bien placés. Seuls les deux tiers de tous les mâles rassemblés sur les îles réussissent à garder leur territoire. Les autres se rassemblent en groupes non territoriaux.

Le mois de mai s'achève et les mâles mugissent de plus en plus souvent. Généralement, les menaces sonores d'un mâle éloignent les intrus éventuels. Quelques fois cependant, mugir ne suffit pas et les mâles finissent par se battre. Ils foncent l'un sur l'autre, se donnent des coups de dents et essaient d'agripper l'adversaire par le cou. Ils se bousculent, se pourchassent et se mordent, enfonçant leurs dents dans les replis de chair. Les combats peuvent durer vingt minutes et plus et c'est souvent l'endurance qui détermine le vainqueur. Les vaincus sont repoussés vers la mer ou vers le troupeau des mâles célibataires qui poussent des grognements. La plupart des propriétaires de territoires ont des cicatrices sur le corps, souvenirs des combats sanglants survenus au cours des années.

Les femelles atteignent les îles Pribilof en juin. Durant l'hiver elles ont été encore plus au sud que les mâles, atteignant même parfois le large des côtes de la Californie du Sud. Comme c'est le cas pour les mâles, les femelles les plus âgées et les plus expérimentées arrivent les premières. D'année en année, elles ont tendance à retourner exactement au même endroit. Les femelles sont environ quarante fois plus nombreuses que les mâles et avec leur arrivée, les troupeaux sur les plages comptent rapidement des dizaines de milliers d'individus.

L'arrivée des femelles produit un grand remue-ménage ; chaque mâle essaie d'en rassembler un certain nombre autour de lui. Les mâles les plus forts peuvent en retenir jusqu'à soixante-dix, mais la moyenne est de vingt à trente femelles pour un mâle.

Au cours des deux jours qui suivent son arrivée sur les îles, chaque femelle adulte donne naissance à son petit. Les mères ont été fécondées un an plus tôt, presque jour pour jour. L'œuf fertilisé n'a cependant pas pris un an pour se développer. Pendant les quatre mois suivant l'accouplement, le petit noyau de cellules

POURQUOI MUGIR ?

Mugissements

Mouvements latéraux

Mouvements brusques vers l'avant

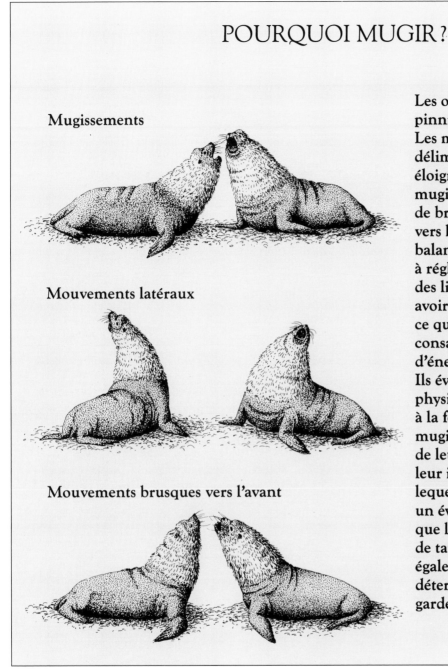

Les otaries sont les pinnipèdes les plus bruyants. Les mâles mugissent pour délimiter leur territoire et éloigner leurs rivaux. Les mugissements, accompagnés de brusques mouvements vers l'avant et de balancements de tête, servent à régler les conflits au sujet des limites territoriales sans avoir à recourir aux combats, ce qui permet aux mâles de consacrer plus de temps et d'énergie à la reproduction. Ils évaluent la forme physique de leurs adversaires à la force de leurs mugissements et à la vigueur de leurs mouvements. Cela leur indique probablement lequel d'entre eux gagnerait un éventuel combat. Ce n'est que lorsque deux mâles sont de taille et de force à peu près égales qu'ils se battent pour déterminer lequel des deux gardera le territoire.

qui allait devenir un phoque nouveau-né est resté au repos dans l'utérus de la mère. Ensuite, au cours du cinquième mois, il s'est mis à grossir et à se développer. Ce retard dans le développement de l'embryon permet d'assurer que la naissance du petit aura lieu lorsque sa mère reviendra sur le site de reproduction, un an plus tard, et non pas pendant que la femelle est encore en pleine mer.

Chaque année, plus d'un
million et demi d'otaries à
fourrure se rassemblent sur les
îles Pribilof pour se reproduire.

ÉCOLE D'ÉTÉ

Le petit de cinq kilos vient au monde tête la première sur le rivage boueux, dans le territoire d'un des mâles. Sa fourrure est dense et foncée et ses yeux sont grands ouverts. Sa mère le renifle et le pousse doucement de son museau. Le petit, humide et duveteux, répond par une sorte de bêlement. L'odeur et la voix de son petit aideront la mère à le retrouver plus tard au cours de l'été, lorsqu'il s'éloignera pour rejoindre les milliers d'autres jeunes, nés en même temps que lui sur la plage.

Malgré le bruit des vagues se jetant sur le rivage, on entend de très loin le vacarme de la colonie. On dirait une foule excitée dans un stade. Les petits appellent leurs mères qui répondent par des aboiements et des grognements. Les mâles font de brusques mouvements de l'avant vers l'arrière. Des bandes de goélands criards tournoient au-dessus de la plage et se disputent les restes de nourriture. Les jeunes doivent grandir et apprendre rapidement car, à l'automne, ils seront livrés à eux-mêmes.

Le petit se blottit contre le corps chaud de sa mère et, bien vite, découvre une des quatre mamelles noires bien dissimulées dans la fourrure de son ventre. Comme tous les mammifères, les bébés phoques sont allaités jusqu'à ce qu'ils soient assez vieux pour prendre d'autre nourriture. Le petit tète goulûment, puis, rassasié, il tombe dans un profond sommeil.

Les premiers jours, la vie du petit consiste essentiellement à dormir et à téter. Très nourrissant, le lait de sa mère contient plus de quarante pour cent de gras, ce qui lui fournit l'énergie et la chaleur qu'il lui faut pour survivre. Au bout d'une semaine, le petit a déjà bien grossi. À ce moment, sa mère est elle-même affamée car, depuis la mise bas, elle est restée sur la plage. Il est temps pour elle de retourner dans la mer pour se nourrir. Tant qu'elle allaite son bébé, elle doit manger pour deux. Laissant son petit endormi entre les galets et les herbes marines, elle se fraie un chemin sur la plage surpeuplée et plonge dans les vagues.

La femelle peut passer jusqu'à dix jours dans la mer à plusieurs kilomètres du rivage, plongeant en eau profonde pour pêcher. Elle nage lentement et régulièrement, n'accélérant que pour pourchasser les bancs de harengs ou de sardines. Gorgée de poissons et reposée, elle reprend vite des forces. Pendant ce temps, le petit explore les alentours. Rampant sur les rochers et le sable du rivage, il va rejoindre les autres petits dont les mères sont aussi parties pêcher. Ils jouent ensemble, pataugeant dans les flaques d'eau, tirant sur des bouts d'herbes marines et autres débris échoués sur la grève. Le jeu est une activité importante car c'est ainsi qu'ils développent les techniques qui leur permettront plus tard de nager, de chasser et de se battre.

Au retour de la pêche, une mère peut retrouver son petit parmi les milliers d'autres. Elle le repère d'abord au son de sa voix, puis, quand elle est plus près, à son odeur. Une femelle ne nourrit que son propre rejeton et ignore les cris des autres affamés. Si au cours de ces quelques semaines une mère est tuée par un prédateur ou à la suite d'un accident, son petit mourra de faim.

Quand la femelle et son petit sont réunis, le jeune affamé s'agrippe aux mamelles de sa mère et se gorge de lait. La mère reste sur la plage deux jours environ, le laissant boire souvent. Puis elle retourne à la mer une fois de plus, avec les milliers d'autres mères. Entre les îles et le territoire de pêche il y a un va-et-vient continuel. Tout au long de l'été, les femelles répètent la même opération : sept à dix jours de pêche suivis de deux jours d'allaitement. Les biologistes ont découvert que ce cycle d'allaitement a une influence

sur le développement des dents du petit. En effet,
lorsque celui-ci n'est pas nourri, ses dents cessent de
pousser. C'est ainsi que l'otarie garde toute sa vie les
marques révélant la façon dont elle a été nourrie au
début : les bandes d'ivoire clair et foncé sur les racines
de ses dents indiquent la quantité de nourriture
qu'elle a ingurgitée étant jeune.

À cinq semaines, les petits savent déjà nager.
Dans les anses peu profondes, ils ont découvert les
paysages, les sons et les odeurs de la mer qui bientôt
feront partie de leur univers. Ils se familiarisent avec
l'agitation des vagues et avec les animaux marins dont
ils se nourriront. Ils rencontrent d'autres otaries de la
colonie et apprennent ainsi les comportements
sociaux de leur espèce. Ils rencontrent aussi des
dangers : la mer déchaînée, les requins, les orques. Les
petits qui s'aventurent trop loin trop tôt risquent de
ne jamais revenir. Certains se perdent et meurent de
faim. D'autres s'épuisent et se noient. Beaucoup de
jeunes phoques traversent leur courte enfance sans
encombre, mais beaucoup d'autres ne survivent pas.

Un des premiers dangers qui menacent les jeunes

*Les mers riches qui procurent
leur nourriture aux otaries à
fourrure septentrionales
abritent aussi des prédateurs et
sont balayées par les tempêtes.*

otaries vient des mâles qui les entourent. Sur les plages encombrées, un mâle d'une demi-tonne se battant contre un voisin, ou poursuivant une femelle, ne remarquera pas un bébé sur le sable. Des petits sont parfois écrasés par inadvertance ou encore saisis et projetés violemment par un mâle en colère.

Le lait de sa propre mère peut représenter, lui aussi, une menace pour le petit. Dans le gras qui entoure les glandes mammaires de la femelle, vivent des centaines de minuscules parasites. La plupart des phoques et des otaries en sont infestés. Chez l'adulte, ces parasites ne sont pas actifs, ils demeurent au stade larvaire, le premier stade de leur vie, et ne causent aucun dommage. Cependant, les larves passent dans le lait de la mère, puis dans l'estomac du petit, où elles prennent leur forme adulte. Les parasites s'accrochent alors aux parois de son intestin et les percent peu à peu, causant ainsi des hémorragies internes qui peuvent entraîner la mort. Des milliers de jeunes otaries meurent de cette façon chaque année. Celles qui survivent jusqu'à la fin du sevrage ne courent aucun danger par la suite. Mais quelques années plus tard, les nouvelles mères transmettront elles aussi les larves à leurs nouveau-nés.

À la fin du court été boréal, les bruyantes colonies d'otaries commencent à se disperser. Bien

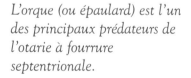

L'orque (ou épaulard) est l'un des principaux prédateurs de l'otarie à fourrure septentrionale.

qu'il arrive que de jeunes femelles gagnent les îles jusqu'à la fin du mois d'août pour mettre bas, la période de reproduction est à peu près terminée. Il y a moins de femelles à défendre et les mâles, plus calmes, peuvent faire la sieste ou traîner leur corps ridé et affamé dans la mer. Durant les deux mois que dure la période de reproduction, les mâles peuvent perdre jusqu'à trente kilos. Les mâles célibataires — ceux qui ne se sont pas accouplés — se prélassent et pêchent dans la mer par petits groupes. Ils n'ont pas été retenus sur la plage et semblent en meilleure forme que les mâles qui devaient défendre continuellement leur territoire. Ils pourront devenir pères l'été suivant.

Vers l'âge de deux mois, la jeune otarie à fourrure commence à perdre sa première fourrure.

L'HIVER EN MER

Deux mois après sa naissance, la jeune otarie à fourrure septentrionale a doublé de poids. Elle est maintenant grassouillette et pèse dix kilos. Elle commence à perdre sa soyeuse fourrure noire et se gratte fréquemment. Un mois plus tard, elle est couverte d'un joli pelage gris argenté. La fourrure noire des nouveau-nés n'est qu'une couche de poils, semblable à la fourrure des chats et des chiens. Mais le nouveau pelage a une structure différente, conçue

35

pour garder le petit au chaud et au sec dans l'eau glaciale de l'océan. Il est fait d'un sous-poil de fibres fines et d'une fourrure extérieure composée de poils épais et imperméables qui donnent à l'otarie son apparence douce et fuselée.

Les adultes muent eux aussi. Les millions de vieux poils endommagés par des mois de combats et de déplacements sur les rochers sont remplacés par d'autres car les otaries se préparent à partir en mer pour l'hiver. Changer de poil demande beaucoup d'énergie, et les mâles, déjà affaiblis par la saison de reproduction, passent la majeure partie de l'automne à dormir.

En septembre, des tempêtes de pluie s'abattent sur les îles et la température chute brusquement. La mère otarie est partie dix fois pêcher et dix fois, elle est revenue. Le petit a presque quatre mois et ses dernières dents commencent à pousser. Il est capable de se nourrir seul et ne dépend plus du lait de sa mère.

Avec la mi-octobre viennent les premières gelées et des flocons de neige recouvrent la plage. Pressée de regagner le sud, la mère quitte la roquerie pour aller pêcher. Cette fois, elle ne reviendra pas vers son petit. Dans le sillage d'autres otaries, elle suit les courants et le littoral. Elle pourchasse des bancs de poissons et de calmars de plus en plus loin dans l'océan. Elle continue sa route et commence le voyage de 4 500 kilomètres qui la mènera à ses quartiers d'hiver.

Le vigoureux petit, pesant dix-huit kilos, est livré à lui-même. Affamé, il cherche en criant sa mère parmi les femelles restées sur la grève. Ne la trouvant pas, il suit les autres dans la baie, saisit avidement les crevettes et les petits poissons qui y sont rassemblés.

Les jours raccourcissent et en novembre la majorité des otaries ont quitté les îles pour faire leur voyage dans le Pacifique. Les petits partiront bientôt eux aussi, et, à la fin du mois, les îles seront désertes.

À la fin de la saison de reproduction, les otaries à fourrure septentrionales, comme ce mâle adulte, retrouvent pour la plupart leur vie de chasseurs solitaires.

À la fin de la période de reproduction, la vie sociale des otaries prend fin pour ne reprendre qu'au printemps suivant. Les otaries ne se rassemblent en grands troupeaux que sur la terre ferme. En mer, elles voyagent et chassent seules ou par groupes de deux ou trois. Parfois, de petites bandes se forment dans les endroits où le poisson abonde, mais elles se dispersent dès qu'il n'y a plus de nourriture. Pour gagner le sud, les femelles, les mâles et les jeunes prennent des routes différentes. À la fin de l'hiver, les otaries des îles Pribilof se retrouvent un peu partout dans l'océan Pacifique.

Les femelles qui ont quitté les plages de reproduction les premières sont celles qui vont le plus au sud. Elles passent l'hiver et le printemps au large, rarement près des côtes. Elles voyagent et se nourrissent la nuit, plongeant à plus de 90 mètres pour attraper les poissons et les calmars. Le jour, elles se reposent en flottant à la surface de l'eau, ne laissant dépasser que leur museau et leurs nageoires. Les bulles d'air emprisonnées dans leur fourrure dense permettent aux otaries de mieux flotter. À la fin de janvier, les femelles atteignent le but de leur voyage hivernal, quelque part entre la baie de San Francisco et la Basse-Californie.

Pendant l'hiver, les mâles les plus vieux restent dans les eaux protégées près de l'Alaska. La nourriture y est abondante et leur épaisse couche de graisse isole leur corps et les garde au chaud. Moins ils s'éloignent du site de reproduction, plus ils pourront y retourner tôt au printemps et meilleures seront leurs chances de trouver un bon territoire.

Les petits, maintenant âgés de quatre à six mois, affrontent leur premier hiver en mer sans l'aide de leurs parents. Plusieurs n'y survivent pas. Ils se dispersent vers le sud le long de la côte, à l'abri des tempêtes hivernales trop violentes qui font rage en haute mer. Encore peu expérimentés, capables de chasser surtout des petites proies, ils perdent du poids.

Les mâles reprennent tout le poids perdu pendant l'hiver, trente kilos et plus. Au début du printemps, ils sont prêts à regagner les îles Pribilof et à revendiquer leur territoire sur les plages.

En février, les femelles entreprennent le voyage du retour vers les îles. Elles nagent paisiblement vers le nord, souvent en compagnie de dauphins, d'oiseaux de mer et des autres otaries ou phoques se dirigeant vers l'Arctique pour se reproduire. Vers l'âge de trois à cinq ans, les femelles sont prêtes à se reproduire. Au cours de leur vie, elles peuvent donner naissance à six petits ou plus.

Plus de la moitié des petits nés durant l'été meurent avant le printemps. À un an, les survivants pèsent à peine plus qu'à quatre mois lorsqu'ils ont

quitté les îles. Après avoir passé l'hiver entre les îles près de la Colombie Britannique, ils suivent les courants marins qui les mènent au Pacifique. Ils passent l'été au large, chassant et se développant. À l'automne de leur deuxième année, les jeunes regagnent enfin la plage où ils sont nés. Pendant les saisons de reproduction, ils se tiennent aux abords de la colonie jusqu'à ce qu'ils soient en âge de se reproduire.

Chez les otaries à fourrure, les femelles vivent à l'écart des mâles, sauf durant l'été lors de la période de reproduction.

La vie dans le froid

Le phoque du Groenland est aussi appelé phoque à selle à cause de la tache en forme de selle qui orne son dos. Les adultes mesurent environ 1,80 m de long et peuvent peser jusqu'à 200 kilos.

Il est difficile d'imaginer que l'on puisse passer la majeure partie de sa vie sur une banquise glaciale. C'est pourtant ce que font les phoques du Groenland. Cet animal au corps fuselé habite les eaux froides de l'Atlantique Nord. Tout comme l'otarie à fourrure, le phoque du Groenland est un grand voyageur. Il parcourt l'océan du nord au sud entre le nord du Groenland et le golfe du Saint-Laurent, suivant les glaces tandis que celles-ci se forment et se défont au fil des saisons. On trouve généralement les phoques du Groenland au large, parmi les glaces qui dérivent, ou encore sur les empilements de glace et de neige gelée au bord de la banquise. Ils donnent même naissance à leurs petits sur la glace, en plein hiver ! C'est de là que vient leur nom scientifique *Pagophilus*, qui signifie « qui aime la glace ».

Le phoque du Groenland adulte possède la forme fuselée et dodue typique chez les phoques. Contrairement aux otaries, le mâle et la femelle ont à peu près la même taille. Ils passent l'été à nager et à chasser au nord du cercle arctique. En octobre, quand l'océan commence à geler, ils descendent lentement vers le sud. Les femelles se rassemblent sur les glaces pour l'hiver près des côtes de Terre-Neuve et du Labrador. Là, des centaines de milliers d'entre elles sortent de l'eau et se hissent sur les glaces. À plusieurs kilomètres au nord, les mâles forment des groupes séparés. De janvier à mars, ce désert de glace balayé par le froid mordant, les vents violents et la neige, devient leur habitat. À la fin de février et au début de mars, les petits naissent.

Mettre bas et élever un petit sur un océan de glace, en plein hiver, peut paraître impensable. Mais le phoque du Groenland est bien adapté à ces conditions difficiles. À la naissance, le petit pèse entre

sept et dix kilos et il est couvert d'une fourrure blanche, longue et duveteuse que l'on appelle le lanugo. Ses grands yeux ronds et son museau foncé lui donnent un air attendrissant. Les premières semaines, sa mère reste à ses côtés, ce qui permet au jeune de rester au chaud et de téter souvent. Le lait de la femelle est environ dix fois plus riche en gras que le lait de vache. C'est pourquoi le petit phoque est l'un des mammifères qui grossit le plus vite. À deux semaines à peine, un bébé phoque peut peser quarante kilos – quatre fois plus qu'à sa naissance.

Un petit animal perd sa chaleur plus vite qu'un gros et le jeune phoque a besoin de prendre du poids

Des troupeaux de phoques du Groenland femelles se rassemblent sur le bord des glaciers pour mettre bas.

LA MIGRATION DU PHOQUE DU GROENLAND

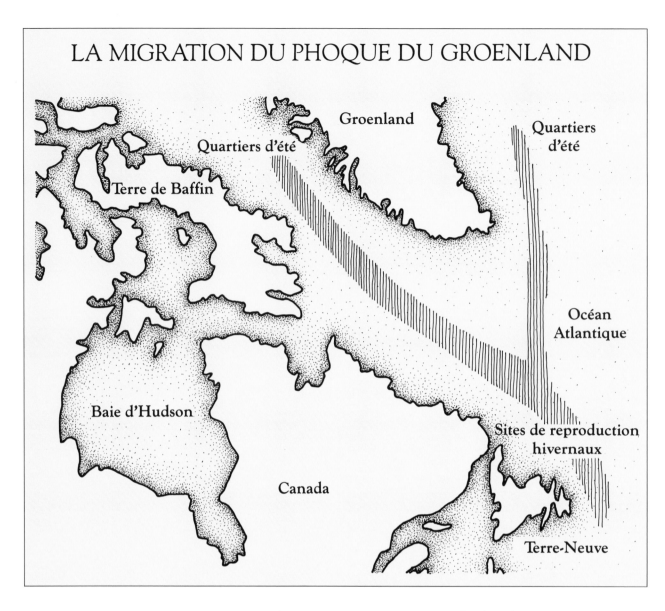

Groenland

Quartiers d'été

Quartiers d'été

Terre de Baffin

Océan Atlantique

Baie d'Hudson

Sites de reproduction hivernaux

Canada

Terre-Neuve

rapidement pour se protéger du froid. Le petit maintient aussi sa température en frissonnant : il actionne ainsi ses muscles et produit de la chaleur. Il combat aussi le froid grâce à une graisse spéciale, le lard (ou graisse brune), qui produit très rapidement de la chaleur à partir de la nourriture absorbée. Les animaux qui hibernent dans les régions froides, comme les tamias et les marmottes, ont eux aussi ce type de graisse.

Les phoques du Groenland adultes sont encore mieux protégés du froid que leurs petits. Comme tous les phoques, ils ont sous la peau plusieurs centimètres de graisse qui garde la chaleur à l'intérieur du corps et le froid à l'extérieur. La graisse constitue entre le tiers et la moitié du poids total du phoque adulte. Elle agit comme la couche isolante d'un édifice, formant une barrière qui ne laisse pas passer beaucoup de chaleur. Les mesures prises par les scientifiques montrent qu'un phoque nageant dans une eau glaciale à —2 °C conserve à seulement quatre centimètres sous la peau une température corporelle de 37 °C.

Le corps fusiforme du phoque renforce l'excellente isolation fournie par le lard. En effet, la chaleur du corps fuit rapidement par les extrémités (doigts, orteils, oreilles et nez) qui, par temps froid, sont les premières à geler. La silhouette caractéristique du phoque, sans oreilles externes et sans nez proéminent, lui procure un avantage supplémentaire. Les parties de son corps les plus exposées sont les nageoires. Pour les protéger du froid, le phoque possède des vaisseaux sanguins modifiés qui amènent une partie de la chaleur du corps vers les extrémités (voir le texte encadré de la page 44).

Les petits phoques du Groenland, nourris avec le lait riche et gras de leur mère, se développent rapidement.

COMMENT LES PHOQUES GARDENT-ILS LEUR CHALEUR ?

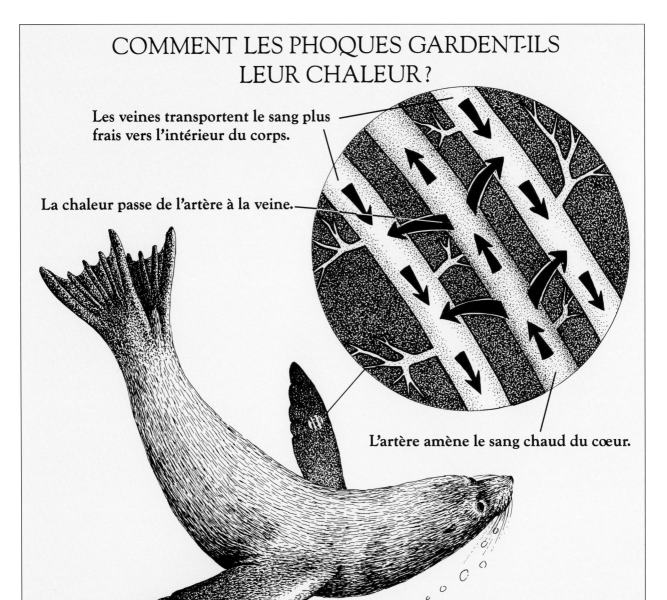

Les veines transportent le sang plus frais vers l'intérieur du corps.

La chaleur passe de l'artère à la veine.

L'artère amène le sang chaud du cœur.

Le sang pompé à partir du cœur du phoque est à la même température que les organes internes, mais, en circulant près de la surface du corps de l'animal, à travers la peau et les nageoires, il se refroidit un peu.

Pour réduire la perte de chaleur, les vaisseaux sanguins forment un réseau très serré lorsqu'ils passent du corps aux nageoires. Chaque *artère* (vaisseau sanguin transportant du sang du cœur) est étroitement entourée de *veines* (vaisseaux sanguins transportant du sang plus frais venant de la surface du corps). Les vaisseaux étant proches les uns des autres, une partie de la chaleur des artères qui se perdrait vers l'extérieur est captée par les veines et retourne vers l'intérieur du corps. Ainsi, l'animal ne perd pas beaucoup de chaleur ou d'énergie pour essayer de maintenir ses nageoires chaudes.

D'autres mammifères marins, les marsouins et les baleines par exemple, ont eux aussi un réseau semblable de vaisseaux sanguins modifiés.

À deux semaines, un blanchon (bébé phoque du Grœnland) semble faible et sans défense. Cependant, vers quatre semaines, sa fourrure deviendra grise et il sera prêt à subvenir à ses besoins.

Pour se tenir au chaud et au sec dans l'eau froide, les otaries à fourrure ont en plus un double pelage qui se compose de deux couches de poils. Près de la peau se trouve un *sous-poil* dense disposé en touffes de vingt poils ou plus. Ceux-ci sont si fins que chaque centimètre carré de peau en compte plus de 30 000. Ces poils sont frisés et forment un réseau serré qui contient des millions de trous d'air microscopiques. Ces petites poches d'air emprisonnent la chaleur et forment une couche isolante. Des poils plus longs et plus épais, les *jarres*, forment une couche extérieure qui recouvre parfaitement le sous-poil. À la base de chaque touffe de poils des glandes produisent une huile qui les rend imperméables. Même lorsque le phoque plonge, sa peau reste toujours sèche. Les deux couches de fourrure agissent comme si un habit de plongée recouvrait un manteau de laine. C'est pourquoi les otaries à fourrure semblent tellement à l'aise dans les océans glacés, en plein hiver.

otaries à fourrure semblent tellement à l'aise dans les océans glacés, en plein hiver.

Tout comme l'est son corps, le comportement du phoque est adapté à la vie dans le froid. Par exemple, le phoque du Groenland doit empêcher de petites parcelles de mer de geler car il doit plonger pour pêcher ou pour échapper aux ours polaires et remonter par la suite. Les phoques du Groenland se rassemblent donc en groupes autour de trous ou de canaux formés dans la glace par lesquels ils entrent et sortent régulièrement. Leur va-et-vient continuel empêche la glace de se refermer.

À l'autre bout du monde, près du Pôle Sud, les phoques de Weddell se sont adaptés différemment. Ce sont des animaux vigoureux qui passent tout l'hiver *sous* la glace. De cette façon, ils se cachent de leurs principaux prédateurs, les orques, qui ne s'aventurent pas très loin sous la glace pour les attraper, et en plus, ils bénéficient de la chaleur dégagée par l'eau de la mer, beaucoup plus chaude que l'air de l'Antarctique. Pour respirer, les phoques de Weddell trouvent des poches d'air emprisonnées entre la surface de la mer et la glace. Ils peuvent aussi utiliser leurs dents pour découper dans la glace des trous de respiration. Pour cela, ils accrochent leur mâchoire inférieure à la glace, puis pivotent jusqu'à ce que leurs dents supérieures atteignent l'autre côté. Durement mises à l'épreuve pendant des années, les dents des phoques âgés sont très usées.

COMMENT LES PINNIPÈDES SE GARDENT-ILS AU FRAIS QUAND IL FAIT CHAUD?

Grâce à leur fourrure et à leur graisse, les pinnipèdes n'ont pas de mal à se protéger du froid, mais comment empêchent-ils leur corps de devenir trop chaud après une activité intense ou lorsqu'ils se prélassent au soleil?

Lorsque les pinnipèdes doivent perdre de la chaleur, les vaisseaux sanguins situés près de leur peau et dans leurs nageoires se dilatent, laissant passer plus de sang. Le sang surchauffé se rafraîchit rapidement en passant près de la surface du corps. Pour s'aérer, certains pinnipèdes agitent aussi leurs nageoires.

Les éléphants de mer et les morses, avec leur gros corps massif, ont encore plus de mal à garder leur fraîcheur. Les éléphants de mer s'aspergent parfois de sable avec leurs nageoires pour protéger leur peau nue du soleil. Quant aux morses, les vaisseaux sanguins situés près de leur peau ridée se dilatent et s'emplissent de sang, rosissant leur peau et la transformant en véritable radiateur. Un troupeau de morses rosissant sous la chaleur offre sous le ciel bleu de l'Arctique un spectacle saisissant.

La vie dans
les profondeurs

Avec un peu d'entraînement, nous pouvons retenir notre respiration une minute environ. Mais de nombreux pinnipèdes, malgré des poumons aussi petits que les nôtres, peuvent facilement rester sous l'eau vingt minutes ou plus sans remonter pour respirer. Cela leur est très utile pour plonger et pêcher. Ils doivent aussi résister à la pression exercée sur leur corps lorsqu'ils sont à des centaines de mètres sous l'eau. Pour résoudre ces problèmes, les pinnipèdes ont développé de fantastiques mécanismes.

Avant de plonger, le phoque ferme ses narines et ses oreilles. Ensuite, contrairement à nous, il expire. Tout l'oxygène qui lui sera nécessaire est emmagasiné dans son sang et ses muscles plutôt que dans ses poumons. Le phoque a dans son corps une fois et demie à deux fois plus de sang que les mammifères terrestres de même taille. Cette impressionnante quantité de sang l'aide à emmagasiner une grande quantité d'oxygène lorsqu'il va plonger. Le phoque de Weddell, par exemple, peut conserver cinq fois plus d'oxygène dans son sang qu'un être humain.

Dès que la tête du phoque pénètre dans l'eau, une série de modifications se produisent dans son corps. Tous ces changements aident le corps à utiliser efficacement les réserves d'oxygène.

Les battements de cœur du phoque passent brusquement de cent à la minute à dix à la minute environ, ce qui a pour effet de ralentir la circulation du sang dans le corps de l'animal. Cependant, il doit garder de l'oxygène pour ses organes essentiels, le cœur et le cerveau par exemple, qui autrement pourraient être endommagés. La quantité de sang circulant dans certaines autres parties du corps

diminue alors. Pendant la plongée, les reins du phoque cessent de fonctionner et les muscles restent actifs sans demander d'oxygène au sang.

Au fur et à mesure que l'oxygène est brûlé, du gaz carbonique est produit. Le corps du phoque ne réagit pas à ce gaz comme le corps humain. Chez l'être humain, l'apparition de gaz carbonique dans le sang déclenche automatiquement la respiration. Le phoque, lui, peut tolérer de grandes quantités de ce gaz sans subir de dommages.

Lorsqu'il remonte à la surface, le phoque doit s'adapter une fois de plus. Il peut respirer très rapidement, vidant presque complètement ses poumons de gaz vicié et les remplissant d'air frais. À chaque bouffée, il échange quatre-vingt-dix pour cent

Avant de plonger, les phoques, comme ce phoque du Groenland, ferment leurs narines.

49

de l'air contenu dans ses poumons. Chez l'être humain, quarante pour cent seulement de l'air des poumons est remplacé à chaque respiration.

Comme le savent tous les plongeurs, plus on s'enfonce sous l'eau, plus la pression sur le corps augmente. Un plongeur en tenue de plongée ne peut descendre à beaucoup plus de 75 mètres sans courir de grands dangers. La forte pression exercée à cette profondeur peut faire éclater les espaces contenant de l'air dans le corps, comme les poumons et les oreilles, et même casser des côtes. De plus, la pression force l'azote contenu dans l'air du corps à se dissoudre dans le sang, ce qui peut causer un problème au plongeur lors de la remontée. Plus il monte, plus la pression diminue, et l'azote dissout dans le sang redevient un gaz. Il se forme alors des bulles dans les vaisseaux sanguins et les articulations. Les bulles d'azote dans le corps du plongeur provoquent de terribles douleurs (la maladie des caissons) et parfois même la mort.

Comment dans ces conditions le phoque peut-il survivre en plongeant à 300 mètres de profondeur? Comme nous l'avons mentionné plus tôt, le phoque vide presque complètement ses poumons avant de plonger. Il se débarrasse ainsi d'une poche d'air qui pourrait être écrasée par la pression. De plus, le sang est pompé dans les oreilles pour les vider de l'air qu'elles contiennent et le liquide ne peut être écrasé aussi facilement que l'air. Les côtes du phoque, elles, sont très flexibles et plutôt que de se casser sous la pression, elles ploient.

Le phoque ne souffre pas de la maladie des caissons parce que pendant la plongée, son corps contient très peu d'air, donc très peu d'azote. En plus, les passages d'air dans sa tête et son cou sont tapissés d'une matière qui ne laisse pas passer les gaz dans le système sanguin. Les poumons, eux, sont entourés d'une graisse spéciale qui peut absorber et relâcher l'azote sans produire de bulles. Grâce à ces ingénieuses adaptations, les phoques peuvent plonger et nager sous l'eau en toute sécurité.

Lorsque le phoque est sous l'eau, son système nerveux est muni d'une « fermeture automatique » qui l'empêche d'essayer de respirer. C'est ce qui lui permet de dormir dans l'eau. Le phoque immergé endormi fait inconsciemment surface toutes les vingt minutes environ pour respirer. Un phoque temporairement assommé au cours d'une plongée ne coulera pas non plus. Les phoques trouvés morts sous l'eau n'ont pas d'eau dans les poumons.

Les morses ont, en plus de leurs poumons, deux poches d'air près du sommet de la trachée, juste sous la gorge. Ils peuvent remplir ces poches avec l'air provenant de leurs poumons, les gonflant comme une paire de flotteurs. Ces poches peuvent atteindre une taille étonnante et sont scellées grâce à la contraction des muscles situés à leur base. Les scientifiques ne connaissent pas vraiment l'utilité de ces poches. Peut-être aident-elles l'animal à flotter durant les longs voyages en mer, lorsque le morse ne peut se hisser sur la terre ou la glace pour se reposer? Les peuples autochtones de l'Alaska, qui ont observé attentivement les morses, croient que ces poches servent à amplifier les sons produits par l'animal, tout comme le fait la partie creuse d'un tambour.

Les phoques peuvent dormir en flottant dans l'eau, près de la surface.

Chasser sous l'eau

Les grands yeux ronds qui donnent au phoque son air sympathique ont une fonction bien précise. Ils sont conçus pour aider l'animal à trouver et à attraper ses proies sous l'eau. Même en eau très claire, il est difficile de voir à plus de quatre mètres et demi. À neuf mètres de fond à peine, il n'y a plus que le dixième de la luminosité qu'il y a à la surface. Pour voir dans de telles conditions, le phoque possède derrière les yeux des membranes semblables à des miroirs. Ces surfaces réfléchissent la lumière qui entre dans l'œil du phoque et l'amplifient. La *pupille*, le trou sur le devant de l'œil, s'élargit quand le phoque est sous l'eau, laissant entrer le plus de lumière possible. Lorsque le phoque remonte vers la lumière, la pupille rétrécit.

Chez les phoques, tout comme chez les humains, de petites glandes dans le coin intérieur de chaque œil produisent des larmes. Ce liquide recouvre continuellement nos yeux, même lorsque nous ne pleurons pas. Les larmes forment un mince film sur la surface de l'œil qui l'empêche de sécher. Chez l'être humain, un conduit lacrymal entre les yeux et le nez évacue le liquide au fur et à mesure qu'il est produit. Les phoques n'ont pas besoin de conduits lacrymaux puisque l'eau où ils passent la plupart de leur temps emporte leurs larmes. C'est pourquoi, à l'air libre, les phoques semblent pleurer sans arrêt.

Un être humain regardant sous l'eau voit trouble parce que les ondes de lumière qui passent dans l'œil sont courbées de façon différente que dans l'air. Si l'on porte des lunettes de plongée, la couche d'air entre l'œil et les lunettes permet de voir clair. Les phoques n'ont pas ce problème. Les lentilles à l'intérieur de leurs yeux sont larges et rondes, comme des boules de cristal miniatures. Les lentilles sphériques peuvent faire une mise au point très précise avec une grande variété d'ondes lumineuses.

En eau trouble ou la nuit, ou encore à de grandes profondeurs, les yeux les meilleurs ne sont plus très utiles pour chasser. Les phoques ont un sens du « toucher » si fin qu'ils n'ont même pas besoin de toucher les objets pour les sentir. Sous l'eau, les objets en mouvement produisent des ondes de pression qui voyagent très loin – tout comme le sillon d'un bateau à la surface de l'eau. Avec leurs longues moustaches sensibles — les vibrisses —, les phoques peuvent repérer ces ondes et « toucher » à distance. En plus d'utiliser ce sens pour trouver les poissons et les autres créatures en mouvement, le phoque peut s'en servir pour déterminer s'il nage vers un gros objet solide. Les ondes de pression produites par le phoque lui-même rebondissent contre de tels objets puis parviennent à ses moustaches.

Les phoques utilisent leurs yeux et leurs moustaches (ou vibrisses) pour trouver leurs proies sous l'eau.

QUE MANGENT LES PHOQUES?

La plupart des phoques mangent une grande variété d'animaux marins. Lorsque leurs dents pointues capturent les proies, même les poissons les plus visqueux ont peu de chances de s'échapper. Les petites prises sont avalées entières tandis que les plus grosses sont déchiquetées en plusieurs morceaux.

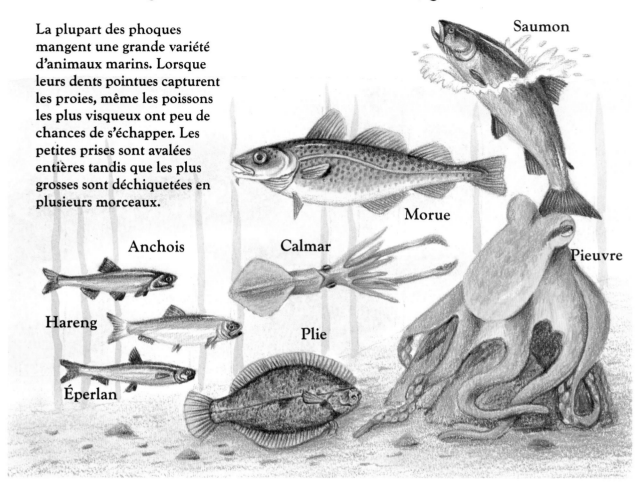

Saumon

Morue

Anchois

Calmar

Pieuvre

Hareng

Plie

Éperlan

Le régime de la plupart des otaries et des phoques se compose, entre autres, de calmars, de pieuvres, de flétans, de morues, de plies, de soles, d'anchois, de harengs, d'éperlans et autres poissons. L'otarie à fourrure septentrionale a un régime alimentaire varié: elle se nourrit de plus d'une centaine d'espèces d'animaux. Elle pêche aussi bien les poissons qui vivent en profondeur que ceux qui nagent près de la surface.

Il est difficile d'observer des phoques se nourrir dans la nature. Les biologistes connaissent le régime alimentaire de ces animaux grâce à ce qu'ils découvrent dans l'estomac des individus trouvés morts. Un des résultats de ces observations a été la découverte d'une nouvelle espèce de poissons. Vers 1890, les biologistes ont trouvé dans l'estomac d'une otarie à fourrure septentrionale un poisson qu'ils n'avaient encore jamais vu et qu'ils baptisèrent « poisson des phoques ». Ce n'est que soixante-dix ans plus tard que d'autres biologistes identifièrent ce poisson, un genre de flet dont on n'a encore jamais vu de spécimen vivant.

Pour capturer les poissons, les phoques ont de trente à trente-six dents pointues. Lorsque leurs mâchoires se referment, même les poissons les plus visqueux ont peu de chances de s'échapper. Les phoques saisissent et déchirent leurs proies puis les avalent d'une seule bouchée. Leurs dents ne leur permettent pas de mâcher. Ils peuvent manger sous l'eau, mais il leur arrive de remonter les plus gros poissons à la surface pour les déchiqueter. Une femelle otarie à fourrure septentrionale de 32 kilos mange jusqu'à deux ou trois kilos de poisson chaque nuit. La colonie d'otaries à fourrure des îles Pribilof – environ un million et demi d'individus – pêche près d'un million de tonnes de poissons et de calmars chaque année.

Les pinnipèdes digèrent leur nourriture très rapidement. Un repas peut passer à travers leur système digestif en six heures à peine. Ces animaux ont aussi un intestin extrêmement long pour leur taille. On a vu un intestin de lion de mer de Steller de plus de 75 mètres de long – trente-huit fois plus long que l'animal lui-même. On ne sait pas pourquoi l'intestin des phoques et des otaries est si long, sans doute que cela leur permet de soutirer l'énergie de leur nourriture plus efficacement.

Les dents pointues de ce phoque à capuchon démontrent bien qu'il est un prédateur.

RÉGIMES SPÉCIAUX

Ses moustaches épaisses aident le phoque barbu à trouver sa nourriture au fond de la mer.

Les phoques ne se nourrissent pas tous de poissons et de calmars. En fait, les phoques les plus communs ont un régime très spécial. Il y a cinq millions ou plus de phoques crabiers dans les eaux antarctiques. Malgré leur nom, ils ne se nourrissent pas de crabes, mais de petites créatures semblables à des crevettes, le *krill*. Les explorateurs ont baptisé ainsi ce phoque parce qu'ils croyaient que les petits morceaux rouges contenus dans ses excréments étaient des restes de carapaces de crabes.

Les phoques crabiers mesurent environ deux mètres soixante-dix de long et pèsent environ 250 kilos. Le krill fait environ cinq centimètres de long. Les phoques doivent donc en manger d'énormes quantités pour survivre. Heureusement, dans certaines parties de l'Antarctique, chaque mètre cube d'eau peut contenir jusqu'à 150 kilos de krill.

Pour capturer ces proies minuscules, le phoque crabier possède des dents aux formes spéciales (appelées dents à cuspides) qui agissent comme un tamis. Ses dents supérieures sont de longues pointes entre lesquelles les dents inférieures s'insèrent parfaitement. Pour manger, le phoque crabier avale de l'eau de mer contenant du krill. Puis il laisse l'eau s'échapper en ne refermant sa bouche que partiellement. Le krill, trop gros pour passer entre les dents, reste prisonnier.

Le phoque barbu a lui aussi un régime particulier. De la même taille que le phoque crabier, le phoque barbu habite le long des côtes de l'Arctique, dans les eaux peu profondes, ce qui lui permet de se nourrir au fond de l'eau sans difficulté. Les grandes moustaches blanches qui lui ont valu son nom l'aident à trouver les crabes, les crevettes et les coquillages dissimulés dans la vase et dans la boue. Contrairement à de nombreux autres phoques, le phoque barbu n'est pas sociable. On le voit rarement en compagnie d'autres phoques, sauf durant la brève saison de reproduction.

Il a sans doute besoin d'un grand espace pour trouver suffisamment de nourriture. Le phoque barbu a de longues griffes sur les nageoires antérieures qui lui permettent de creuser pour trouver ses proies. Comme chez de nombreuses autres espèces de phoques, l'estomac du phoque barbu contient souvent de la boue et des cailloux, ingurgités par accident ou pour alourdir l'animal lorsqu'il doit rester au fond pour se nourrir. Certains scientifiques pensent que les cailloux pourraient faciliter la digestion, ou encore éliminer les crampes d'estomac lorsque la nourriture est rare.

Les morses creusent aussi parfois le fond de la mer. Ils y cherchent des palourdes avec leurs défenses. Dans de nombreux livres sur les morses, on dit que ces animaux broient les palourdes et autres coquillages à l'aide de leurs dents. Cependant, leurs molaires sont faibles. Aujourd'hui, on croit plutôt qu'ils aspirent le corps mou de leurs proies. Ils tiennent la coquille entre leurs lèvres, forment un cylindre avec leur bouche, puis font aller leur langue de l'avant vers l'arrière comme un piston pour créer un effet de succion. Ils recrachent les coquilles vides dans la mer. Certains morses se nourrissent de proies plus grosses.

Les morses se servent de leurs défenses pour déterrer les palourdes, les moules, les étoiles de mer, les crabes et autres petites créatures qui vivent au fond de la mer.

Le léopard de mer tue et mange des manchots ainsi que d'autres phoques.

On en a vu utiliser leurs défenses pour attaquer et tuer des phoques, des petits bélugas et même d'autres morses.

Le léopard de mer est l'un des pinnipèdes les plus féroces. Il vit dans l'Antarctique et se nourrit surtout de manchots et d'autres phoques. Tel le félin dont il porte le nom, c'est un redoutable chasseur. Il attaque souvent ses proies par en dessous, ou se tient caché près du bord des banquises guettant les manchots qui entrent dans l'eau ou en sortent. Il se nourrit aussi de poissons et de calmars, ou encore de carcasses de baleines. Avec ses trois mètres de long et ses 400 kilos, le léopard de mer est imposant, et sa tête et ses mâchoires sont particulièrement grosses.

CHASSEURS DE PHOQUES

Tous les pinnipèdes sont des chasseurs, mais ils sont aussi des proies. Même les grands éléphants de mer et les morses ont des prédateurs qui s'attaquent à leurs petits. Les gros requins, les orques, les ours polaires et parfois les loups et les autres phoques sont les principaux prédateurs des otaries et des phoques.

La survie des ours polaires dépend tout particulièrement des phoques. En automne et en hiver, ils parcourent des kilomètres à la suite des troupeaux de phoques qui migrent. Ils attaquent les phoques lorsque ceux-ci se hissent sur la glace, opération hasardeuse car les phoques restent généralement près d'un trou de respiration. L'ours a plus de chances en s'avançant discrètement vers un phoque endormi. C'est sans doute pour cela que les ours polaires sont blancs : ils sont ainsi plus difficiles à distinguer sur la glace et la neige. Une autre tactique de chasse, utilisée par les loups arctiques et les ours, consiste à attendre près d'un trou de respiration et à saisir rapidement le phoque au moment où il sort la tête de l'eau.

Chaque année, les ours, les requins et les orques mangent des milliers de phoques et d'otaries. Mais une menace bien plus grande pèse sur eux : l'être humain.

Sur terre, les manchots lents sont des proies faciles pour le léopard de mer.

Les ours polaires attendent les phoques près des trous de respiration.

Les pinnipèdes et nous

Pendant des siècles, les humains ont chassé les phoques pour leur fourrure et leur viande. Les autochtones du Grand Nord dépendaient des phoques pour survivre. Leurs méthodes de chasse traditionnelles avaient peu d'impact sur les populations de phoques.

Lorsque la fourrure des phoques devint populaire, la situation changea complètement et on se mit à utiliser les fusils pour abattre les animaux. Au 19e siècle, les marchands de fourrure d'Amérique du Nord et d'Europe vendaient des milliers de peaux de phoques chaque année. Leur habitude de se rassembler en immenses troupeaux durant la saison de reproduction en faisait des proies faciles. Ainsi, entre 1908 et 1910 (trois ans à peine), quatre millions d'otaries à fourrure furent tuées sur les îles Pribilof seulement. À la suite de tels massacres, plusieurs populations de phoques et d'otaries se sont éteintes.

Il y a encore beaucoup de phoques chassés, mais le nombre de prises autorisées est fixé par des lois. Grâce à cette protection, les populations d'animaux comme l'otarie à fourrure septentrionale grossissent. Aujourd'hui, cependant, les pinnipèdes sont menacés par l'humain pour d'autres raisons que la chasse. Les eaux côtières qu'ils habitent sont polluées par les déchets et les poisons provenant des fleuves et des rives. Des milliers de phoques meurent chaque année après avoir avalé des sacs de plastique rejetés par les bateaux, ou se prennent dans les filets de pêche. D'autres phoques meurent à la suite des déversements de pétrole dans la mer.

La pollution et la chasse intensive affectent non seulement les phoques, mais un bon nombre d'autres animaux comme les baleines, les dauphins et certains types de poissons. De plus, les phoques mangent les mêmes poissons que les humains et ils entrent parfois en concurrence avec les pêcheurs, rivalisant pour des ressources qui s'épuisent. Les phoques ont la réputation de tirer le poisson directement des filets des pêcheurs et de les endommager.

Certaines personnes disent que les poissons pris par les phoques seraient plus utiles aux humains et affirment que s'il y avait moins de phoques, la pêche serait meilleure. Est-ce exact? Par le passé, la mer abritait bien plus de poissons et de phoques qu'aujourd'hui. Les peuples qui vivaient de la pêche pouvaient capturer des milliers de saumons à quelques kilomètres à peine des colonies de phoques. Des études sur l'alimentation des phoques révèlent que ces animaux peuvent même à l'occasion aider les saumons, les truites et plusieurs autres espèces de poissons en mangeant un de leurs ennemis, la *lamproie*. Ce poisson en forme d'anguille s'accroche aux autres poissons et suce leur sang comme un vampire, les tuant peu à peu.

Dans l'équilibre naturel du monde sous-marin, les phoques, les poissons et tous les autres organismes qui vivent ensemble s'aident les uns les autres à survivre. Ainsi, les excréments des phoques enrichissent l'eau et aident les micro-organismes et les plantes à se développer. Le même phénomène se

Des centaines de milliers de bébés phoques du Grœnland ont été tués pour répondre à la demande de vêtements et d'objets en peau de phoque.

61

Si les océans ne peuvent plus accueillir ce petit phoque, nous en souffrirons nous aussi.

produit lorsqu'un phoque meurt et que son corps se décompose au fond de l'océan ou nourrit les crabes et certains petits poissons. À leur tour, les plantes et les petites créatures de la mer sont mangées par les plus gros poissons. Bien que les phoques se nourrissent de poissons, ils font aussi partie du processus qui permet à ces poissons de se développer. Si on tue tous les phoques et les autres créatures marines qui rivalisent avec l'humain pour pêcher, on pourrait bien voir disparaître les poissons eux-mêmes.

Les colonies spectaculaires d'otaries à fourrure sur les îles Pribilof nous offrent une chance exceptionnelle de voir et d'étudier une facette de la nature qui existe depuis des milliers sinon des millions d'années. De tels endroits préservés sont rares. Ce sont des trésors internationaux. Si nous sauvegardons ces lieux et ces formes de vie, des animaux aussi intelligents que les mammifères aux pattes en forme de nageoires pourraient survivre encore très longtemps.

INDEX

Les chiffres en italique indiquent les photos.